Perceptions of the Lion and Sun Emblem

Morteza Moshtaghi

Title: Perceptions of the Lion and Sun Emblem
Author: Morteza Moshtaghi
Flag Symbolism of Iran, by Ali Negahban
Cover Design: Farzan Kermani

Publisher: Shahrzad Namag
Publication year: 2024, Canada
www.shahrzadnamag.com
Email: shahrzadnamag@gmail.com

ISBN (print): 978-0-9869321-6-8
ISBN (eBook): 978-0-9869321-7-5

PREFACE
Ali Negahban

Discussion and debate about the flag and its symbols have always been a part of our political, cultural, and social landscape. Recently, however, this issue has gained renewed attention and become a focal point of political activism with increased fervor and intensity.

With each political movement and uprising, the variety of flags and symbols that activists bring to streets, marches, and rallies grows. While this diversity is inherently valuable and should be celebrated, ignorance of the historical roots and meanings of some of these symbols can lead to divisions and, worse, unintended conflicts and hostilities.

It is not surprising that such an issue has emerged for many of our activists at this time. On one hand, a significant number of people are dissatisfied with the current official flag of their country and do not accept it. On the other hand, there is a general perception that we are in a period of transition, and sooner or later, the time will come to choose a new, representative flag for our country. Consequently, it is expected that some groups are already working to promote their preferred symbols and emblems, raising them above others to increase their chances of being chosen. This is not inherently objectionable. However, it has two significant drawbacks: first, some supporters of specific flags and emblems attempt to suppress others through pressure, fear, and insults; second, they propagate unhistorical and baseless beliefs about the origins of their preferred symbols, leading to further misdirection and greater fragmentation among Iranians.

In the essay before you, Morteza Moshtaqi explores and analyzes the origins of the symbols and emblems of Iranian flags throughout history. Although this essay is brief and can be expanded in the future, it provides a necessary response to an issue that, if not properly addressed, could cause significant harm to the discourse and movement for freedom and democracy among Iranians.

Ali Negahban
Vancouver
June 29, 2024

Flag Symbolism of Iran

Ali Negahban

Flags have served as powerful symbols of identity, unity, and pride for nations throughout history. Dating back to ancient times, flags were initially used in battle to identify friend from foe. Over time, they evolved to represent the values, culture, and aspirations of the people they symbolize.

In the modern era, flags play a crucial role beyond mere identification. They serve as emblems of sovereignty and national dignity, representing the collective history, struggles, and achievements of a nation. Flags are displayed prominently during national events, celebrations, and international gatherings, embodying a country's presence on the global stage. Flags also foster a sense of belonging and unity among citizens, transcending diverse cultural, linguistic, and regional differences. They serve as rallying points during times of crisis, symbolizing resilience and solidarity.

Moreover, flags are integral to diplomatic relations, often exchanged as gestures of goodwill or flown at embassies to signify the presence of a nation abroad. They are recognized symbols in international law, marking territorial waters, airspace, and diplomatic missions.

In essence, flags are not just pieces of cloth; they are powerful symbols that encapsulate the essence of nations, serving as a visual representation of their past, present, and future aspirations. As such, studying the history and significance of flags provides invaluable insights into the complex tapestry of human civilization and national identity.

Flags in Ancient Persia

Flags in ancient Persia, known today as Iran, played a significant role in both ceremonial and military contexts, reflecting the rich cultural and political tapestry of the Persian Empire. Unlike modern flags, which are typically rectangular, ancient Persian flags often took the form of banners or standards adorned with symbols and colors that held deep symbolic meaning.

The colors used in ancient Persian flags were also laden with symbolism. Royal purple, gold, and crimson were often reserved for the flags of the king and nobility, signifying power, wealth, and prestige. These colors were contrasted with more subdued hues used by soldiers and officials, creating a visual hierarchy that reinforced social and political distinctions.

Flags in ancient Persia were not merely decorative; they served practical purposes in warfare and statecraft. In battle, flags helped to coordinate movements, identify units, and inspire troops with their symbols of divine favor and royal authority.

Outside of military contexts, flags were used in ceremonies, processions, and diplomatic exchanges, where they served as potent symbols of Persian identity and imperial power.

The legacy of ancient Persian flags continues to influence Iranian culture and identity today. The following gives a brief account of the most prominent symbols in Iranian and Persian vexillology.

Derafsh-e Kaviani

Derafsh-e Kaviani is a legendary royal standard in Persian history and mythology associated with the Kayanian dynasty. It gained prominence during the reign of Kaveh the Blacksmith, a legendary figure celebrated for leading a rebellion against the tyrant Zahhak. The banner symbolized principles of resistance, freedom, and justice, becoming a powerful rallying point for those opposing tyranny and upholding the ideals of righteous kingship.

In Persian mythology and literature, Derafsh-e Kaviani is depicted as a majestic standard adorned with symbols representing the divine mandate of the Kayanian kings to rule and protect their realm. Its cultural legacy transcends its historical existence, symbolizing the struggle against oppression and the enduring quest for liberty and sovereignty in Iranian national consciousness.

While debates surround the physical existence of Derafsh-e Kaviani, its symbolic importance is unquestionable. Mentioned prominently in epic narratives like Ferdowsi's Shahnameh, Derafsh-e Kaviani remains an emblem of Persian heroism and the defense of moral and political integrity against unjust rule. It continues to inspire narratives of courage and resilience, reflecting its enduring significance in Persian cultural heritage.

Faravahar

One of the most iconic symbols associated with ancient Persian flags was the Faravahar, a winged disc with a human figure, representing the Zoroastrian concept of the divine spirit. This emblem was often depicted on royal standards and banners carried into battle, symbolizing the spiritual protection and authority of the Persian kings.

In addition to the Faravahar, other symbols such as the sun, moon, and stars adorned Persian flags, reflecting celestial themes that held religious and astrological significance. These symbols not only represented cosmic forces but also conveyed the empire's connection to the heavens and its perceived divine mandate to rule. The Faravahar remains a powerful national symbol, representing resilience, spirituality, and the enduring legacy of ancient Persia's rich cultural heritage.

Sun

Prior to the advent of Zoroastrianism, ancient Iranian beliefs regarding the sun were influenced by Indo-Iranian religious traditions, which held celestial bodies like the sun in reverence. In these earlier belief systems, the sun often held divine attributes and was sometimes regarded as a deity. However, due to the scarcity of written records from that era, detailed information about these pre-Zoroastrian beliefs remains limited.

The emergence of Zoroastrianism around the 6th century BCE marked a significant evolution in Iranian religious thought regarding the sun. Within Zoroastrianism, the sun, known as Hvare-Khshaeta in Avestan, became associated with Ahura Mazda, the supreme deity symbolizing truth, righteousness, and enlightenment. This association elevated the sun to a symbol of divine righteousness and a source of life and light in Zoroastrian cosmology.

In Zoroastrian belief, Ahura Mazda was often metaphorically linked with the sun, emphasizing its role as a representation of his benevolent presence and power. Fire temples, central to Zoroastrian worship, were aligned to receive the first rays of the sun at dawn, symbolizing purity, and renewal in their rituals.

Historically, the Achaemenid Empire (6th–4th century BCE) integrated sun imagery into its royal insignia and architectural designs. The iconic "Winged Sun," prominently displayed atop palaces and monuments, symbolized divine protection and imperial authority, underscoring the sun's significance as a symbol of imperial power in Persian culture.

Mithras, a deity associated with solar attributes, played a significant role in Persian mythology and history. Often depicted as a sun god, Mithras embodied qualities of light, truth, and cosmic order. His cult, known as Mithraism, emerged in the Roman world, and likely had roots in earlier Persian traditions that revered Mithras as a solar deity symbolizing justice, truth, and divine protection.

Throughout Persian history, from ancient times through the Sassanian period, Mithras' cult and his association with the sun remained influential, shaping cultural practices, religious rituals, and Persian identity. This deep connection underscores the profound spiritual significance of the sun as a symbol of cosmic order and divine power in ancient Persian religious thought, exemplified through the veneration of Mithras and solar imagery.

Lion

Throughout Iranian history and mythology, the lion has occupied a prominent place as a symbol of courage, strength, and royal authority. However, the lion's prominence in Persian culture and mythology has a fundamental difference with other civilizations. In non-Persian cultures, the lion holds a stature that is divine or so prominent that kings aspire to reach it. Persian kings, however, viewed themselves mightier and more potent that the lion, as they had defeated the beast. Achaemenid coins show depictions of lions captured by the king or fleeing from him. The lion-hunters were not interested in carrying a symbol on their flags that was already defeated.

With the advent of Islam in Iran, the lion's symbolism emerged as a focal element in forming the identities of the subsequent non-Persian dynasties, blending their tribal myths with their newly adapted Islamic beliefs. The lion was associated with Islamic figures on the one hand, and the secular notions of leadership, political and military might on the other. It continued to feature in the heraldry, appearing on flags, coats of arms, and architectural decorations of various Islamic dynasties.

Conclusion

The flag symbolism of Iran encapsulates a rich tapestry of historical and cultural narratives. From the ancient standards of the Persian Empire to the iconic symbols like the Derafsh-e Kaviani, Faravahar and others, the symbols have evolved over centuries, adapting to changing religious and political landscapes while maintaining their core significance.
Ideally, the symbols associated with a national flag must reflect the values, struggles, and aspirations of that nation. These symbols must be capable of inspiring national pride and unity. The emblems on a

flag should serve as reminders of the country's illustrious history and its enduring quest for sovereignty, justice, and identity. The symbols, emblems, and colors of our flag should offer insight into the nation's rich heritage and the timeless principles that have shaped its journey through history.

Ali Negahban
Vancouver

www.ingramcontent.com/pod-product-compliance
Lightning Source LLC
Chambersburg PA
CBHW061046050726
47592CB00004B/1614

جستار و پژوهش

مفهوم‌ها

از

شیر و خورشیدها

مرتضی مشتاقی

سپاس فراوان از دوستان عزیزی که با پیشنهادها و نکته‌سنجی‌هایشان مرا در نگارش این جستار یاری دادند.

مفهوم‌ها

از

شیر و خورشیدها

مرتضی مشتاقی

نام جستار: مفهوم‌ها از شیر و خورشیدها

پدیدآور: مشتاقی، مرتضی

نوبت و جایگاه چاپ و پراکنش: نخست، ونکوور، کانادا – ۲۰۲۴

پراکنشگر: شهرزاد نامگ

شابک چاپ: ۸-۶-۹۸۶۹۳۲۱-۰۰-۹۷۸

شابک جستار رایانه‌ای: ۵-۷-۹۸۶۹۳۲۱-۰۰-۹۷۸

نام جستار به انگلیسی:

Perceptions of the Lion and Sun Emblem

گونه: جستار و پژوهش

پیشگفتار و جستار انگلیسی: علی نگهبان

جلد: فرزان کرمانی

نشانی‌های شهرزاد نامگ:

رایانامه: shahrzadnamag@gmail.com

تارنما: www.shahrzadnamag.com

فهرست

پیش‌گفتار
<u>علی نگهبان</u>

گفتگو، و گاهی بگو-مگو بر سر پرچم و نشان‌هایی که بر آن نقش بسته است یا باید ببندد همواره در سپهر کنش و واکنش‌های سیاسی، فرهنگی، اجتماعی ما وجود داشته است، ولی از چند سال پیش بدین سو جان تازه‌ای یافته و با شور و گرمای بیشتری، گاه سوزنده و گزنده، به پیش صحنه‌ی کنش‌گری سیاسی آمده است.

از سوی دیگر، با فوران هر جنبش و خیزش سیاسی، شمار پرچم‌ها و نشان‌هایی که کنش‌گران با خود به خیابان و راه‌پیمایی‌ها و گردهمایی‌ها می‌آورند گوناگونی بیشتری می‌یابد. اگر چه این گوناگونی به خودی خود نیکوست و بایسته است که گرامی داشته شود، ولی ناآگاهی از ریشه‌ها و خاستگاه‌های برخی از این نشان‌ها و نمادها می‌تواند به گسستگی‌ها و شکاف‌ها و بدتر از آن، درگیری‌ها و دشمنی‌های ناخواسته‌ای بیانجامد.

این که چرا در این برش ویژه‌ی زمانی چنین پرسمانی برای شمار زیادی از کنشگران ما پیش آمده است چندان جای شگفتی ندارد. از سوی شمار بالایی از مردم ما از پرچم رسمی کشور خود دلخوش نیستند و آن را نمی‌پذیرند. در سوی دیگر، اندریافت همگانی چنین است که ما در دوران گذار به سر می‌بریم، و دیر یا زود، هنگام آن خواهد شد که برای کشور خود پرچمی درخور برگزینیم. پس چندان دور از انتظار نیست که گروه‌هایی از همین اکنون دست به کار شوند و تلاش کنند نشان‌ها و نمادهای دلخواه خود را پیش نهند و بالاتر از دیگران بیافرازند تا در روز گزینش از بخت بهتری برای گزیده شدن برخوردار باشند. این نیز به خودی خود به هیچ روی ناپسند نیست. تنها دو بدی و کاستی چشمگیر دارد: نخست این که برخی هواداران پرچم‌ها و نمادهایی که نمایندگی گروه‌ها یا نگره‌ها یا اندیشه‌های

ویژه‌ای هستند تلاش می‌کنند دیگران را با فشار و ترس و ناسزا از افراشتن پرچم دلخواهشان باز دارند؛ و دیگر اینکه خاستگاه نماد دلخواهشان را با باورها و اندیشه‌های ناتاریخی و بی‌پایه‌ای پیوند می‌زنند که در پایان دستاوردی نخواهد داشت مگر رفتن به بیراهه‌ای دیگر و پراکندگی بیشتر در میان ایرانیان.

در جستار پیش روی شما، مرتضا مشتاقی به پژوهش و واکاوی ریشه‌های نمادها و نشانه‌های پرچم‌های ایران در گذر تاریخ پرداخته است. جستار کنونی اگر چه خُرد است و می‌تواند در آینده بیشتر به آن پرداخته شود، ولی در برش کنونی تاریخ ما، پاسخ بایسته‌ای فراهم می‌کند به پرسمانی که اگر نگرش درخوری بدان نشود، می‌تواند آسیب‌هایی ژرف به گفتمان و جنبش آزادی‌خواهی و مردم‌سالاری ایرانیان برساند.

علی نگهبان
۹ تیر ۱۴۰۳ / ۲۹ ژوئن ۲۰۲۴، ونکوور

مقدمه

حکومت‌های دیکتاتوری همواره از اتحاد نیروهای اپوزیسیون در هراس بوده‌اند. این نوع حکومت‌ها برای مقابله با اتحاد، انواع و اقسام ترفندها را به کار می‌برند تا به هر شکل ممکن تفرقه بیندازند و حکومت کنند. یکی از شیوه‌های آنها واردکردن مأموران خود در گروه‌های اپوزیسیون به‌عنوان مأموران نفوذی است تا از افراد ناآگاه به‌نفع تفرقه‌اندازی‌شان استفاده کنند. وظیفهٔ اصلی آنها یافتن اختلاف و دامن‌زدن به آن است. در این عرصه، افراد ناآگاه نیز ندانسته همراه مأموران می‌شوند. هرقدر مأموران موفق‌تر عمل کنند، افراد بیشتری همراه آنها می‌شوند و در اوج موفقیت، آتش به ریشهٔ اتحاد می‌زنند.

شاید بهتر باشد مثالی بزنم از جنبش «زن، زندگی، آزادی»؛ در این جنبش، تلاش مأموران تفرقه در ارتباط با جنگ‌وگریزِ پرچم احساس شد. جنگی پوچ که بسیاری را درگیر خود کرد. کار به فحش و اتهام‌زنی و حتی زدوخورد هم کشید. در نتیجه، صف‌های گروه‌های اپوزیسیون از هم جدا شدند. تفرقه جوانه زد و رشد کرد و موضوع اصلی تجمع به حاشیه رفت. بی‌شک مأموران نفوذی برای این کار مهم، ارتقاء درجه دریافت کرده‌اند.

شاید خنده‌دار به نظر برسد، جنگ پرچم از زمانی آغاز شد که عده‌ای به‌طور وسیع پرچم سه‌رنگ شیر و خورشید را حتی مجانی میان مردم پخش کردند و پافشاری کردند که این پرچم رسمی ایران است و بقیهٔ پرچم‌ها متعلق به جدایی‌طلب‌ها و غیرایرانی‌هاست. در رسانه‌های مختلف داستان‌های غیرواقعی بیان شد تا شیر و خورشید مقدس شمرده شود. آنگاه با تعصبی باورنکردنی به جنگ اپوزیسیون متحدی رفتند که در برلین توانسته بود بیش از صد هزار نفر را کنار هم قرار دهد. در این راه، بسیاری از افراد معمولی همراه مأموران تفرقه شدند.

در صورتی‌که شیر و خورشید تنها یک نشان است که در طول تاریخ ایران مفهوم‌های مختلفی داشته است. آگاهی به مفهوم‌ها می‌تواند مقدس‌بودن آن را بی‌رنگ کند و مأموران تفرقه را بی‌سلاح. هر چه آگاهی بیشتر باشد، کار مأموران تفرقه مشکل‌تر خواهد شد.

در حال حاضر، هیچ‌کدام از پرچم‌های اپوزیسیون رسمیت جهانی ندارد. در این شرایط خاص، جنگ پرچم پوچ و بی‌معنی است. چرا که رهایی از دیکتاتوری و برقراری دموکراسی هدف اصلی است. هر حرکتی که هدف اصلی را به حاشیه ببرد، باید به آن شک کرد. نوع پرچم در آینده از سوی نیرویی که قدرت سیاسی و اقتصادی را در اختیار بگیرد مشخص می‌شود، نه از سوی یکی از گروه‌های مخالف.

انگیزهٔ نوشتن «مفهوم‌ها از شیر و خورشیدها» مخالفت با هیچ باوری نیست. تنها تلاشی است برای شناخت نشان شیر و خورشید در طول تاریخ ایران تا کسی دوباره بازیچهٔ تفرقه‌اندازان نشود.

مرتضی مشتاقی

نمادها و نشان‌ها

ایرانیان خارج از کشور، تاکنون نظریه‌های مختلفی از پرچم و نشانِ روی آن ارائه داده‌اند. این نظریه‌ها در بسیاری مواقع با هم متفاوت‌اند و حتی در برخی موارد متضاد یکدیگرند. همین اختلاف نظریه‌ها باعث شده در بسیاری از تجمعات و اجتماعات ایرانی شاهد «جنگ پرچم» باشیم.

در جوامع پویا، وقتی نظریه‌های مختلف در ارتباط با یک موضوع خاص وجود دارد، گفت‌وگو و راستی‌آزمایی آغاز می‌شود. اما در جوامع ایستا، این کار تابویی است نابخشودنی زیرا نقد و بررسی، نوعی بی‌احترامی به نظریه‌پرداز محسوب می‌شود. از این‌رو بیش از آن‌که مسئله حل شود، جنگ و دعوا در می‌گیرد که هیچ سودی جز جدایی و اختلاف بیشتر از آن حاصل نمی‌شود.

امروزه با فن‌آوری‌هایی که در دست است، از طریق اینترنت به‌آسانی می‌توان به موزه‌ها و کتابخانه‌های جهان سر کشید، راستی‌آزمایی کرد و نتیجه را به گفت‌وگو گذاشت.

شاید وقت آن است که تعصبات کنار گذاشته شود تا داور اختلاف‌ها و نظریه‌ها «دانش و خرد» باشد. گفت‌وگوی محترمانه، جای جنگ و دعوا را بگیرد. اختلافات را محترمانه حل کنیم تا حرکتی به‌طرف جامعهٔ پویا داشته باشیم.

نشان شیر و خورشید روی پرچم همچنان یکی از اختلاف‌های پوچ میان ایرانیان مهاجر و پناهنده بوده که مسائل اصلی را به حاشیه رانده است. گروهی آن را نشانهٔ شهریاران ایران باستان می‌دانند. گروه دیگر مخالف آن‌اند. گروهی آن را هویت ملی ایرانیان معرفی می‌کنند. گروه دیگر بر این باور نیستند. کسانی آن را مقدس می‌دانند و کسان دیگر آن را طاغوتی و ...

به‌راستی نشان شیر و خورشید چگونه وارد فرهنگ و پرچم ایران شد؟

شیر و پنداره‌ها

انسان‌های اولیه طی شکارهای خود دریافته بودند که شیر حیوانی درنده با توانایی‌هایی خاص خود است. سرعت و قدرت آن برتر از همهٔ حیوانات می‌باشد، حیوانی است که به راحتی تسلیم نمی‌شود و تا پایان عمر خویش همچنان جنگنده و خطرناک است. صفت‌های شیر از همان دوران در ذهن انسان باقی ماند و همچنان باقی است، این نوع برداشت و شناخت از شیر جهانی است، مختص ملت یا فرهنگ خاصی نبوده و نیست. همانطور که امروزه مشاهده می‌کنید در هر کشوری نماد شیر به گونه‌های مختلف دیده می‌شود. هر فرهنگ و ملتی نسبت به باورهای خود از این نماد استفاده کرده است. از آنجا که قصد ما فقط بررسی این موضوع در ایران است، مستقیم از ایران باستان شروع می‌کنیم.

دو مفهوم مختلف از شیر در ایران باستان وجود داشته است:

۱ - شهریاران و درباریان ایران

۲ - مردم و ملل دیگر

اولین مفهوم - شهریاران و درباریان ایران

وقتی به دوران شهری و تمدن بشری رسیدیم، سرداران و به‌دنبال آنها شهریاران یکی بعد از دیگری پدیدار شدند. همهٔ شاهان ایران باستان به‌گونه‌های مختلف، خود را فردی معرفی می‌کردند که خدایان به آنها قدرت برتری بخشیده است. با چنین دیدگاهی، آنها برای نشان‌دادن توانایی خود تصمیم گرفتند جدال با شیر را که قدرتمندترین حیوان شناخته شده بود، آغاز کنند. این جدال با جنگ تن‌به‌تن با شیر و حتی

شیرهای افسانه‌ای آغاز شد. البته کسی شاهد این جنگ‌ها نبود بلکه برای خوشایند شهریاران، این‌گونه مبارزه‌ها در نقش‌ها، سنگ‌تراشی‌ها، سکه‌ها و ظرف‌ها به نمایش در می‌آمد. امروزه همین آثار باقی‌مانده از دوران گذشته، تفکر شهریاران ایران را برای ما بازگو می‌کنند.

شیر بال‌دار که حیوانی پرقدرت و افسانه‌ای شناخته می‌شد، دیگر در اندیشهٔ درباریان ایران باستان شکست‌ناپذیر نبود، بلکه این شهریاران بودند که با قدرت خدایان بر آن برتری داشتند.

تقابل شهریار و شیر بال‌دار در نقوش تخت جمشید

جام شراب شیر بال‌دار هنرمندانه ساخته شد تا زینت دستان شاه و همچنین جزئی از افتخارات او باشد. همان‌طور که طبق افسانه‌های آن دوران، هرکس دشمن را شکست می‌داد، نشانه‌ای از او را به‌عنوان نشان افتخار به تزئینات شخصی خود اضافه می‌کرد، مثل رستم که دیو پلید را کشت و از کاسه سر او کلاه‌خود ساخت.

تکوک زرین هخامنشی (جام و شیر بال‌دار) سده پنجم پیش از میلاد

Kneeling Bull (Proto-Elamite, Iran, 3000 BC)

آثار باستانی دوران داریوش اول یا دوران داریوش دوم، ۳۰۰۰ پیش (سال‌های ۵۲۲ - ۴۸۶ یا ۴۳۲ - ۴۰۵) پیش از میلاد مسیح، شیر و گاو وحشی مغلوب‌شده به‌صورت جام شراب ساخته شد. نقش برتری شهریاران، در سکه‌ها نیز ضرب زده شد.

سکهٔ هخامنشی با نقش تقابل شهریار (اردشیر سوم) با شیر بال‌دار
سکهٔ دوم: شیر در حال فرار، ۳۴۰ سال پیش از میلاد مسیح

از این‌رو در اذهان درباریان، شهریاران نه‌تنها شیر نبودند، بلکه برتر از آن، فاتحان شیر بودند.

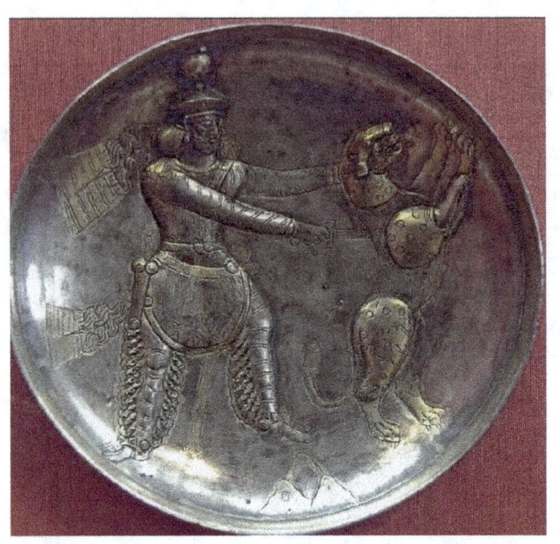

نقش شکار شیر توسط شهریاران ایران باستان روی ظروف

دروازهٔ خشایارشا یا دروازهٔ ملل، تخت جمشید

در تاریخ آمده است که «دروازهٔ ملل» را داریوش بزرگ پی‌ریزی کرد و خشایارشا اول، پادشاه هخامنشی (۴۸۶ - ۴۶۵ قبل از میلاد مسیح) آن را به پایان رساند.

سکهٔ ساسانیان - نبرد با شیران

در ملل دیگر که زیر پوشش امپراتوری ایران بودند، شیر سنگی همواره بر سردر دروازه‌های شهر خودنمایی می‌کرد، اما بر سردر «دروازه ملل» (شاه ایران) شیر نبود. همان‌طور که در تصویر مشاهده می‌کنید، به‌جای سر گاو افسانه‌ای، سر انسان (فاتح آن) سنگ‌تراشی شده است. توانایی و قدرت بدنی حیوان، اکنون به شهریار منتقل شده است. او را قوی‌تر از قبل کرده است، زیرا او فاتحی بوده که اکنون قدرت بدنی حیوان را تصاحب کرده است.

دومین مفهوم از شیر در ایران باستان

بر خلاف اندیشهٔ درباریان، افکار عمومی مردم ایران و ملل مختلف، شیر را همچنان سمبل شجاعت، جنگندگی، استقامت، نگهبانی و شکست‌ناپذیری می‌دانستند. لقب هر جنگندهٔ شجاع شیر بود. پسوند

یا پیشوند بسیاری از اسامی نیز شیر شده بود. برخی از پادشاهان و سرداران ملل دیگر نامشان با شیر ترکیب شده بود. مثل لیو، لوون، اسد و...

تنها در ادبیات عرب بیش از صد نام برای شیر وجود دارد که نشانگر اهمیت این نماد است. در افسانه‌ها و قصه‌ها از شیر به‌عنوان سلطان جنگل یاد می‌شد.

مصریان در هنگام فرمانروایی هخامنشیان یک حرف «ر» ویژه برای نگاشتن نام سرزمین‌های ایرانی (دو بار برای کوروش، چهل و پنج بار برای داریوش، چهل و سه بار برای خشایارشا، هفت بار برای اردشیر

اول و یک بار برای اردشیر سوم) به زبان هیروگلیف افزوده‌اند «که بسان شیری نشسته است.»[1]

همان‌طور که مشاهده می‌شود، مصریان پادشاهان ایران را با لقب فاتحان شیر (آن‌طور که شاهان خواهان آن بودند) خطاب نمی‌کردند، بلکه برعکس «به‌سان شیر» از آنها نام می‌بردند، زیرا در فرهنگ آنان شیر همچنان شجاع‌ترین، جنگنده‌ترین و قدرتمندترین حیوان روی زمین بود. همان‌طور که در تصویر نمایان است، مصری‌ها تصویر شیر نشسته را به‌جای شاه نقش زده‌اند تا خصوصیات برجستهٔ شیر را به شاه ایران نسبت دهند. در این دوره اگر نقشی از شجاعت و مقاومت شیر دیده شده، مربوط به ملل و فرهنگ دیگر است که زیر پوشش امپراتوری ایران بوده‌اند.

با وجود این دو اندیشه و دیدگاه مختلف، شهریاران ایران همچنان خود را فاتح شیر معرفی می‌کردند و هیچ‌گاه تصویر شیر را به‌روی سکه‌ها و پرچم‌های خود (دورهٔ مادها، اشکانیان، هخامنشیان و ساسانیان) به‌نشانهٔ قدرت برتر منقش نکردند، زیرا این حیوان در افکار آنها، پیش از آن به‌دست شهریاران شکست‌خورده، اسیر شده بود.

با نگاهی به پرچم‌های ایران باستان به این مهم پی خواهیم برد که شیر اهمیتی برای شهریاران نداشته است.

پرچم ساسانیان، درفش کاویانی، از جنس چرم بود. طبق اسطوره‌ها این پرچم نخست از پیش‌بند چرمی کاوه بود، اما با پادشاهی فریدون شکلی زیبا به خود گرفت و تزئین شد. چهار شرابه به رنگ‌های سرخ، زرد، کبود و بنفش از این پرچم آویخته، و جواهراتی نیز به آن افزوده شد.

به‌گفتهٔ طبری و مسعودی، تاریخ‌نگاران سدهٔ دهم میلادی، «این پرچم از پوست پلنگ ساخته شده بود. خوارزمی به منابعی دیگر اشاره

---

[1] BdE ۱۱ Posener, Georges - La première domination Perse En Égypte

کرده و نوشته، جنس درفش کاویانی از پوست خرس یا شیر بوده است.»[2]

درفش کاویانی- ساسانیان

جنس پرچم «درفش کاویانی» از پوست حیوانات درنده ازجمله شیر بوده است. شکار این حیوانات افتخاری بزرگ به شمار می‌رفت، از

[2] Encyclopaedia Iranica، Shapur Shahbazi , FLAGS

این‌رو پوست آنها را به چرم تبدیل کرده، سپس آن را تزئین و از آن درفش کاویانی می‌ساختند.

در دورهٔ هخامنشیان بلندپروازی پرندگان نشان قدرت بزرگ دربار بود. شهباز یا شاه‌باز نوعی پرندهٔ شکاری است که گوشتخوار است و از شاهین و باز بزرگ‌تر است. این پرنده در دورهٔ هخامنشیان برای نشان‌دادن قدرت و عظمت کشور بر پرچم نقش شده بود. این نمادی بود که به آن افتخار می‌شد.

سومین مفهوم

سلجوقیان و نشان شیر و خورشید

اولین نشانه‌های شیر و خورشید در سکه‌های سلجوقیان (۹۳۰ تا ۱۱۹۴ میلادی) دیده شد. اما سلجوقیان چه کسانی بودند و به چه منظور از شیر و خورشید استفاده کردند؟

سلجوقیان از قبیله‌های بزرگ تشکیل شده بود با سوارکارانی ماهر و جنگ‌جویانی بی‌باک. آنها سرزمین خاصی نداشتند. زادگاه اصلی آنها اطراف دریاچهٔ آرال (دریاچهٔ آب شور در آسیای میانهٔ قره قالپاقستان در جنوب کشور ازبکستان و در شمال قزاقستان) بود. اما یکجا مستقر نمی‌شدند، دامدار بودند و کوچ‌نشین. در یکی از کوچ‌های خود به مرز ایران، خراسان رسیدند. خراسان منطقه سبز و خوش آب هوایی بود که چراگاه‌های بی‌شماری داشت. قبایل سلجوقی وارد خراسان شدند و تصمیم گرفتند برای همیشه در آنجا ماندگار شوند.

غزنویان از این کار سلجوقیان به خشم آمدند و دستور خروج آنها از مرز ایران را صادر کردند و با انواع و اقسام شکل‌ها به آزار سلجوقیان پرداختند. ناچار سلجوقیان نامه‌ای به خلیفه عباسی نوشتند با این مضمون، ما ترک‌زبان، سنی‌مذهب حنفی و پیرو خلافت عباسی هستیم. ایرانیان نیز پیرو خلیفه عباسی هستند، پس دستور فرمایید به ما اجازه اقامت در خراسان بدهند. خلیفه تقاضای آنها را پذیرفت، اما غزنویان نپذیرفتند و به خراسان لشکرکشی کردند.

سلجوقیان شکست سختی به غزنویان وارد کردند و سراسر خراسان را در اختیار خود گرفتند و بسیار قوی‌تر از قبل شدند. بعد از مدتی به مناطق مرکزی ایران حمله کردند و شهرها را یکی بعد از دیگری فتح کردند و همچنان به طرف شمال ایران حرکت کردند. پیشروی آنها آنقدر ادامه یافت که از مرزهای ایران گذشتند و قسمتی از روسیه امروزی و قسمتی از سرزمین‌های بیزانس را نیز در اختیار خود گرفتند.

آنها حتا به عراق هم رفتند و خلیفه عباسی را کنار زدند و خودشان خلافت مسلمین را در دست گرفتند. در این امپراتوری عظیم سلجوقیان و مسلمین بود که سکه‌هایی با نشان شیر و خورشید توسط سلجوقیان ضرب و پخش شد.

شیر و خورشید بر روی سکه‌های سلجوقی[3]

---

[3] Lion-and-sun-coin.jpg (۳۹۷ × ۴۰۰ pixels, file size: ۷۳ KB, MIME type: image/jpeg)

دو مفهوم مختلف از خورشید

گرچه قبلاً تصویر خورشید در دورهٔ مادها و اشکانیان بر پرچم ایران نقش بسته شده بود، اما نماد شیر و خورشید با فلسفه و اندیشهٔ جدید، برای اولین بار در ایران توسط سلجوقیان روی سکه زده شد. واضح است که خورشید در دورهٔ مادها و اشکانیان، مفهومی کاملاً جدا با دورهٔ سلجوقی داشت.

پرچم مادها

پرچم اشکانیان

خورشید (میترا) نشان مادها و اشکانیان در پرچم بود زیرا ریشه در باورهای ایرانیان آن دوره داشت. در اوستا و گات‌ها از میترا بارها نام آورده شده است: «خورشید ایزدی است که جهان را از آلودگی دور می‌کند. زمین را گرم و باعث رویش گیاهان می‌شود.» خورشید با چنین باور ایزدی‌ای بر پرچم آن دوره منقش شده بود.

اما در دورۀ سلجوقیان تصویر خورشید که بر پشت سکۀ شیر حک شده بود، فلسفۀ دیگری داشت. واضح است آنان نیز بر باورهای خویش خورشید را معنی و تفسیر می‌کردند. از آنجایی که مسلمان بودند، بی‌شک خورشید را ایزد نمی‌دانستند، پس به کتاب آسمانی خود «قرآن» رجوع کرده و استدلال می‌آوردند که: وَالشَّمْسُ تَجْرِی لِمُسْتَقَرٍّ لَهَا ذَلِكَ تَقْدِيرُ الْعَزِيزِ الْعَلِيمِ (سورۀ یاسین / آیۀ ۳۸) «خورشید (تابان) که بر مدار معین خود دائم بی‌هیچ اختلاف به گردش است برهان دیگر بر قدرت خدای دانا و مقتدر است.»

خورشید در این دوره نه‌تنها ایزد شناخته نمی‌شد، بلکه «برهان دیگری بود برای وجود خدای یکتا و توانا.»

خورشید همان خورشید بود اما در دو دورۀ تاریخی دو تفسیر و مفهوم کاملاً متفاوت داشت؛ یکی دورۀ مادها و اشکانیان بر پایۀ اوستا و گات‌ها و دیگری دورۀ سلجوق بر اساس دیدگاه قرآن.

این موضوع به‌روشنی شرح می‌دهد که در طول تاریخ مفهوم و تفسیرها از خورشید ثابت نبوده است. جالب است که این برداشت جدید سلجوق از خورشید، در فرهنگ ما باقی ماند.

آثار هنری و ماه‌های فلکی

البته باید این موضوع را اضافه کرد که حدود دوهزار سال پیش اختر شناسان تقویمی را معرفی کردند که در آن ماه‌های فلکی وجود داشت. هر ماه با یک حیوان نامگذاری شده بود، مثل خروس، ماهی، گوسفند و غیره، یکی از این ماه‌ها (امرداد) به‌نام «اسد» یعنی شیر نامگذاری شده بود. هنرمندان از قرن ششم هجری، در زمامداری دودمان‌های ترک در قلمرو اسلامی، توجه خاصی به حیوانات ماه‌های فلکی از خود نشان دادند. حیوانات ماه‌های فلکی را با انواع و اقسام فرم‌ها در آثار خود خلق کردند، از جمله نقش شیر را. برج اسد به‌عنوان نمادی از قدرت، جلوه‌گری و خلاقیت شناخته می‌شود. افراد این برج، خودمحور، پرانرژی، رهبر، هنرمند و خلاق‌اند.

این نوع آثار هنری، از همه حیوانات ماه‌های فلکی، بسیار زیاد آفریده شده‌اند، از مصر تا آسیای میانه دیده می‌شوند. این آثار فقط ریشه در باورهای ماه‌های فلکی دارد و بیشتر برای طالع بینی از آنها استفاده شده است. برج اسد ربطی به فلسفه شیر روی سکه‌ها و پرچم‌ها یا فرهنگ ملیت خاصی ندارند.

متاسفانه برخی به اشکال شیر در این مجموعه اشاره می‌کنند و آن را نشان ملی یک ملت معرفی می‌کنند، که این خود، نوعی تحریف تاریخی است.

البته روایت‌هایی نیز وجود دارد. مثلاً ابن‌العبری (ابن عبری) صاحب تاریخ مختصرالدّول روایتی دارد که بیشتر به یک داستان شبیه است تا واقعیت. او می‌نویسد: «هنگامی که سلطان غیاث‌الدین کیخسرو از سلاجقهٔ روم [قونیه] دختر پادشاه گرجیان [بین ۶۳۵ و ۶۴۱ هجری، ۱۲۳۷ و ۱۲۴۳ شمسی] را به زنی گرفت، چون او مردی عیاش بود، می‌خواست صورت زن خویش را که بسیار دوست داشت بر روی (سکه) دراهم نقش کند. به او این‌طور راهنمایی کردند که «صورت

(نقش) شیر را که بالای آن خورشید قرار دارد بر بالای دراهم بسازد
(نقش زن در چهرهٔ خورشید باشد) تا مقصود حاصل شده باشد. ولی
هر کس آن صورت را ببیند گمان کند که این نقش طالع ولادت شاه
بوده است. او هم چنان کرد.»[4]

با وجود روایت‌های این‌چنینی، بی‌شک رمز ماندگاری نشان شیر و
خورشید از گذشته تا به امروز در سکه‌ها و پرچم‌ها، ریشه در باورهای
مذهبی داشته است و ربطی به تاریخ ولادت (ماه اسد) پادشاهان که
تاریخ‌های مختلفی داشته‌اند، نمی‌تواند داشته باشد.

اما تصویر شیر با چه انگیزه‌ای بر روی سکه سلجوقیان حک شده
بود؟

همان‌طور که قبلاً شرح داده شد، سلجوقیان مسلمان و پیرو خلیفهٔ
عباسی بودند. در میان مسلمانان، شیر همیشه نشانهٔ قدرت،
مقاومت، شجاعت، سرعت و جنگجویی بوده است. در حدیث‌های
مسلمانان آمده، پیامبر اسلام، حمزه بن عبدالمطلب را به‌دلیل
شجاعت در جنگ‌ها، اسدالله (شیر خدا) و لیث‌الله (شیر خدا)
می‌نامید.[5]

از همین رو، برخی مسلمانان همچنان نام فرزندان خود را اسدالله
می‌گذارند. از زمان‌های گذشته، مردم مسلمان به پهلوانان و سرداران
خود لقب شیر می‌دادند. مجسمه‌های شیر بر سر دروازه‌های شهر
گذاشته بودند تا نگهبانِ سفت و سخت از شهر به نمایش گذاشته
شود. قبیله‌های مختلف به روی قبرهای عزیزان خود شیر سنگی
می‌گذاشتند تا رفتگان خود را شجاع و دلیر معرفی کنند. خصوصیات
«شیر خدا» (از نظر قبایل سلجوق) در سلطان طغرل بیک و همچنین

---

[4] تاریخ مختصر الدّول، ابن‌العبری، به زبان عربی انتشارات دار المشرق، چاپ
بیروت، ص ۴۴۷

[5] حجر الاصابه، ۱۴۱۵ قمری، جلد پنجم، صفحهٔ ۵۱۲ – مجلسی، بحارالانوار،
۱۴۰۳ قمری، جلد هشتم، صفحهٔ ۵

در سردارانی نهفته بود که بی‌محابا در جهانگشایی اسلام نقش ایفا کرده بودند.

تصویر شیر و خورشید که روی سکهٔ سلجوقیان حک شده بود، حامل یکی از نشانه‌های زندگی‌بخش خدای یکتا یعنی خورشید بود که توسط شیری بی‌باک و شجاع نگهبانی می‌شد، یعنی (شیر خدا) سردار اسلام.

گفته شده که پرچم سلجوقیان نشان شیر و خورشید هم داشته است. اما در این مورد هیچ‌گونه یافته‌ای که سند معتبری باشد، وجود ندارد. از آنجایی که سلجوقیان از خلافت عباسی تبعیت و تقلید می‌کردند، به‌احتمال بسیار قوی رنگ پرچم آنان همچو عباسیان به‌رنگ سیاه بوده است. اما سلجوقیان نشان خاصی داشتند که در بسیاری مواقع روی پرچم هم از آن استفاده می‌کردند.

نماد امپراتوری سلجوقی[٦]

٦ دانشنامهٔ ویکی‌پدیا

امپراتوری تیموری یا گورکانی

بنیان‌گذار تیموریان (۱۳۷۰ - ۱۵۰۶ میلادی)، تیمور لنگ بود که ادعا می‌کرد نسبش به چنگیزخان می‌رسید. او در قبیلهٔ ترکی-مغولی برلاس به دنیا آمد. مذهب رسمی سلاطین تیموری سنی-حنفی بود.[7]

تاریخ‌نگاران مسلمان، تیمور لنگ را سنگ‌دل، نیرنگ‌باز، خون‌ریز، شراب‌خوار، مال‌دوست، تیزهوش، نابغهٔ نظامی و علاقه‌مند به تاریخ و اخبار معرفی می‌کنند.[8]

برخی با تحریف حقایق سعی دارند پرچم تیموری را با نشان شیر و خورشید، پرچم ایران معرفی کنند. تصاویری منتشر می‌کنند که هیچ‌گونه ربطی به پرچم‌های ایران ندارد. مانند تصویر زیر:

این پرچم مربوط به گورکانیان در کشور هند است. تیموریان توسط صفویان (۱۵۰۱ میلادی) از ایران رانده و درهم‌شکسته شدند، اما

---

[7] دین و مذهب در عصر تیموری - لیلا شریفیان، نشر اوشت، ۱۴۰۰

[8] دیانت «تیمور گورکانی»، ص ۶۷۰ - ۶۶۳، آژند، و هریسچیان، و «تیمور گورکانی»، ص ۸۲۶ -۸۲۲، و میرجعفری، تاریخ تحولات ایران در دوره تیموریان و ترکمانان، ص ۵۶ - ۵۰

اندک‌اندک به هندوستان رفتند (۱۵۲۶ تا ۱۸۵۸ میلادی) و ماندگار شدند و چون فارسی‌زبان‌ها با آنها ادغام شده بودند، بسیار بعدتر پرچم فوق را پدید آوردند. پس این پرچم متعلق به گورکانیان هند است، نه دورهٔ تیموری در ایران.

سکهٔ جهانگیر شاه هند در سال ۱۰۲۰ هجری قمری مطابق با ۱۶۱۱ میلادی

نقش شیر و خورشید برگرفته از «شهنامه‌ی چنگیری»

«شهنامهٔ چنگیزی»، کتابخانهٔ تخصصی تاریخ اسلام و ایران

پرچم فوق مربوط به نقاشی روی نسخه‌ای از شهنامهٔ چنگیزی است که بعد از نوشتن اشعار، بسیار بعد از زمان نگارش، بر آن نقاشی شده است. نسخهٔ اولیهٔ این اشعار در سال ۱۵۵۰ میلادی نوشته شده بود.

در ارتباط با اعتبار کتاب مذکور باید گفت، ادگار بلوشه، خاورشناس فرانسوی، این منظومه را «خالی از هرگونه ارزش شاعرانه و اعتبار ادبی» توصیف کرده و آن را صرفاً «خلاصهٔ بسیار مبتذلی از تاریخ

رشیدی» دانسته است. او اطلاعات این کتاب را بسیار پست‌تر از «روضه‌الصفا» توصیف کرده است.[9]

به‌هر صورت به‌جز نقاشی این پرچم در کتاب مذکور، کوچک‌ترین سند دیگری بر تأیید آن وجود ندارد.

مهر تیمور لنگ عبارت بوده است به «راستی رَستی» و نماد پرچم او سه دایرهٔ کوچک سرخ‌رنگ بوده است.[10]

کلاویخو (سفیر اسپانیا) به دربار تیموریان رفت‌وآمد داشت. او از شمال ایران گذر می‌کرد. کلاویخو در سفرنامه‌اش از نشان سه دایره که رئوس سه‌گوشی نامرئی را تشکیل داده‌اند، یاد کرده است.[11]

---

[9] «مقلدین شاهنامه در دورهٔ مغول و تیموری و تاریخ منظوم شمس‌الدین کاشانی»، منوچهر مرتضوی، پرتال جامع علوم انسانی، ۱۳۴۱، شمارهٔ ۶۲، ص ۴۰ تا ۴۵

[10] دکتر میرجعفری، تاریخ تحولات ایران در دورهٔ تیموریان و ترکمانان، نشر سمت، ۱۳۸۸ ش، ص ۵۵

[11] بررسی پرچم ایران در دورهٔ فرمانروایی تیمور گورکانی، فهیمه سراوانی، فصلنامهٔ پژوهش هنر، بهار ۱۳۹۴

چهارمین مفهوم

صفویان و نقش شیر و خورشید

با قدرت‌گرفتن شاه اسماعیل صفوی در سال ۱۵۰۱ میلادی، مردم سنی‌مذهب ایران که در اکثریت مطلق بودند، با زور شمشیر مجبور به پذیرش مذهب شیعه شدند. تبلیغات علیه سنی‌مذهب‌ها شدت گرفت. نشانه‌های مذهب شیعه در پرچم‌ها نمایان شدند. پرچم شاه اسماعیل سبز رنگ بود که با طوق ماه آذین شده بود.

پرچم شاه طهماسب

البته قابل‌ذکر است که یک بار شاه طهماسب (۱۵۲۴ تا ۱۵۷۶ میلادی) چون زادهٔ برج حمل (فروردین) بود، دستور داد نقش گوسفند را هم روی پرچم‌ها و هم روی سکه‌ها ترسیم کنند، اما این

نقش ماندگار نشد و با پایان سلطنت او، پرچم و سکهٔ او نیز برچیده شد.

شاه اسماعیل دوم

در دوران شاه اسماعیل دوم، (بین سال‌های ۱۵۷۶ تا ۱۵۷۷) برای اولین بار در طول تاریخ ایران، نشان شیر و خورشید به‌رنگ طلایی بر روی پرچم ایران سوزن‌دوزی شد.

اولین پرچم ایران با نشان شیر و خورشید[۱۲]

---

[۱۲] پرچم ایران در کتاب «پرچم اروپا، شمال آفریقا، شرق نزدیک و دور» در موزهٔ هلند Rijksmuseum با شمارهٔ ۲۰۱۸NG-۱۳۸-۳۰۱ نگهداری می‌شود.

شیر و خورشید با تفسیر و فلسفهٔ مذهب شیعه وارد پرچم ایران شد. شیعیان اعتقاد داشتند اسدالله الغالب (یعنی شیر خدا که پیروز و غالب است) لقب امام علی بوده است. با همین فلسفه شیر نشسته به‌منظور لقب امام علی و خورشید همچنان یکی از نشانه‌های خدا تفسیر شد.

در طول تاریخ ایران، همیشه از پرچم‌های مختلف با اهداف مختلف استفاده می‌شده است. در دوران صفویه نیز نشان‌های مذهب شیعه در پرچم‌های گوناگون دیده می‌شود.

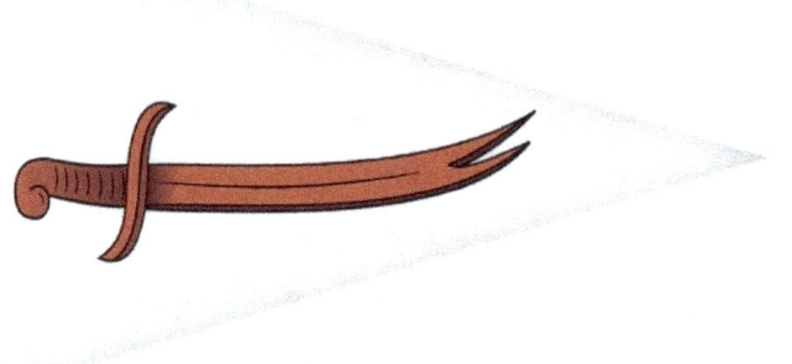

یکی دیگر از پرچم‌های ایران در دورهٔ صفوی که در دورهٔ افشاریه هم به‌عنوان پرچم نیروی دریایی به کار گرفته می‌شد، شمشیر ذوالفقار امام علی بود.

نادرشاه افشار

پس از زوال صفویه به دست محمود افغان که پیرو مذهب سنی حنفی بود، جایگاه تشیع بسیار تضعیف شد و تمامی پرچم‌ها و نشانه‌های شیعه برچیده شدند. محمود افغان از سال ۱۷۲۲ میلادی تا زمان مرگش ، ۱۷۲۵ به مدت سه سال شاه ایران شد.

نادر شاه اگرچه در ابتدا برای بازگشت دوران صفوی با محمود افغان جنگید، اما وقتی به سلطنت رسید از آیین و مراسم صفویان فاصله گرفت. در ارتباط با مذهب او محققان نظرهای گوناگونی عنوان کرده‌اند و نمی‌توان به طور قاطع از مذهب او نام برد. حتا گفته شده که او خواهان مذهب جدیدی شده بود. اما به هر حال با قاطعیت می‌توان گفت که او خدا باور بود ولی به اعتقادات صفویان و شیعه‌گری باور نداشت. چنانکه او به روحانیون شیعه به شدت بی‌اعتنایی می‌کرد، به گونه‌ای که آنها را مجبور به مهاجرت در سرزمینهای اطراف می‌کرد.   ادوارد براون در ارتباط با مهاجرت روحانیون در آن زمان می‌نویسد، «مهاجرت علما در جوار مرقدهای مقدس، به آنها مصونیت می‌داد و مقامشان را بالا می‌برد، در حالی که در ایران به آنان بی‌احترامی می‌شد و سیاست، برای سلسله علما اهمیتی قائل نبود» [۱۳]

رنگ و نشانه‌های درون پرچم، انتخاب نیروی حاکم بر کشور بود و از طرف شاه و درباریان انتخاب می‌شد. از آنجایی که این کار سلیقه‌ای بود، در زمان‌های گوناگون شاهد تغییر رنگ و شکل پرچم‌ها بوده‌ایم. این تنوع در دورهٔ نادر شاه به‌روشنی دیده می‌شود.

---

[۱۳] رویکرد دینی نادر شاه و تاثیر آن بر شیعیان و عالمان شیعه، دکتر زهرا عبدی، براون، ۱۳۶۹، ص۳۲۳

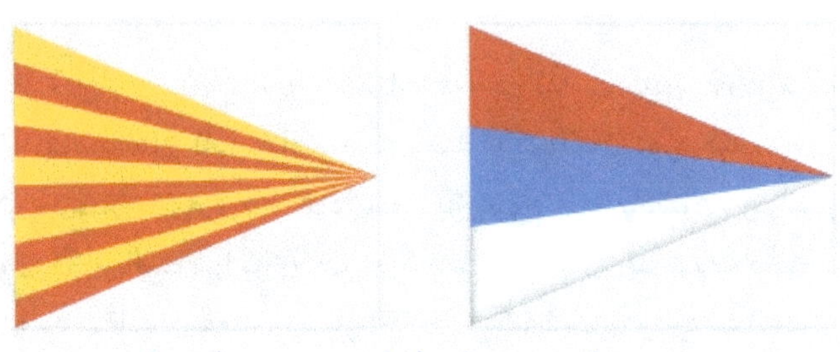

دو نمونه از پرچم‌های ایران در دوره نادرشاه

گرچه در پرچم‌های نادر شاه هیچ نشانی وجود نداشت، اما در مُهر شخصی او نشان شیر و خورشید وجود داشت تا از خداوند که قدرت بزرگ‌تر از اوست، غافل نباشد.

مهر نادر شاه با نشان شیر و خورشید به‌عبارت «الملک‌لله» آراسته شده، به‌این معنا که پادشاهی از آن خداست.

زندیان

بعد از قتل نادر شاه، کشور آشفته شد و در نهایت کریم خان زند که یکی از فرماندهان نادر شاه بود به قصد بازگرداندن دوره صفوی، بر دیگر مدعیان غلبه کرد و شاه اسماعیل سوم را به پادشاهی رساند و عنوان وکیل الرعایا را برای خود برگزید. کریم خان زند شیعه مذهب بود و به عقاید صفویان بسیار احترام می‌گذاشت. دوباره نشانه‌های شیعه در سکه‌ها و پرچم‌ها نمایان شد. روحانیون شیعه بار دیگر وظایف محدودی در اختیار گرفتند و آرامشی خاص برقرار شد. بار دیگر پرچم شیر و خورشید با همان مفهوم و تفسیر شیعه بر پرچم ایران ظاهر شد و به گونه‌ای رسوم صفویان بازسازی شد.

پرچم‌های دوره زندیان

در سکه‌ی دوره‌ی زندیان که برای امام زمان ضرب شده بود این عبارت
آمده است:

شد آفتاب و ماه زر و سیم در جهان
از سکه امام بحق صاحب الزمان

ZAND, Karim Khan, Gold ½-Mohur, Isfahan 1184h, 5.39g   Estimate: £200-250

سکه‌های دوره زندیان

دوره قاجاریان

در دوره قاجاریان توجه خاصی به نشان شیر و خورشید شد. رنگ‌های پرچم مرتب تغییر می‌کرد. قاجارها می‌خواستند هرچه بیشتر نمادهای مذهب شیعه را در پرچم‌های خود بگنجانند. از این‌رو تعداد پرچم‌ها با شکل و شمایل مذهبی و در اندازه‌های مختلف بسیار زیاد بودند.

در دورهٔ فتح‌علی شاه قاجار ملا احمد نراقی، مجتهد شیعه و متخصص در علوم اسلامی، پیشنهاد کرد «نماد شیر و خورشید را به‌نشانهٔ شیر، مظهر علی، شمشیر، نماد شمشیر علی یعنی ذوالفقار و خورشید، به‌نشانهٔ خورشید نبوت و اتحاد شیعه و سنی برای پرچم ایران به‌کار رود.»

دو پرچم از دوران فتح‌علی شاه، از «کتاب سفر به ایران» نوشتهٔ سرهنگ گاسپار درویل (افسر فرانسوی)، ۱۲۲۷ تا ۱۲۲۸ شمسی

سرهنگ گاسپار می‌نویسد: «بر سر چوب‌های پرچم، (در دوران فتح‌علی شاه) یکی به‌صورت نیزه و دیگری شکل یک دست است. نیزه بسیار تیز و دست نشانهٔ دست امام علی است.»

لویی دوبو اهل پرتغال، شرق‌شناس، متخصص زبان و مطالعات ترکی، ایرانی و عبری، می‌گوید «محمد شاه قاجار دو پرچم داشته است. یکی با نقش شمشیر علی، که دوزبانه است و دیگری با نقش یک شیر خوابیده و خورشیدی که از پشت آن طلوع می‌کند.»[۱٤]

عبدالله مستوفی در کتاب «شرح زندگانی من یا تاریخ اجتماعی و اداری دورهٔ قاجاریه» می‌نویسد: «از آغاز رنگ زمینهٔ پرچم ایران معین نبود. شیر و خورشید بر پرده‌ای سفیدرنگ نگاشته می‌شد و لبهٔ سبز و سرخ یا ترکیبی از این دو رنگ بر گرد پردهٔ سفید قرار می‌گرفت. تقسیم این سه رنگ به سه قسمت از سبز شروع و به سرخ ختم شده و شیر و خورشید که در وسط رسم گردیده بود، از کارهای میرزا حسن‌خان مشیرالدوله بود.»

سرانجام رنگ پرچم ایران در اواخر دوران ناصرالدین‌شاه مشخص و یک‌شکل شد.

____

[۱٤] Shapur Shahbazi, "FLAGS", _Encyclopædia Iranica_

بازسازی بیرق دیگر که بالای ابنیهٔ دولتی و سلطنتی افراشته می‌شود.[15]

بازسازی بیرق دیگر که بالای ابنیهٔ دولتی و سلطنتی و سربازخانه‌ها و بنادر و هرچه متعلق به دولت و سلطنت است.[16]

هرچند تعبیرهای مختلفی از رنگ پرچم ایران شنیده شده، اما در دوران ناصرالدین شاه از رنگ‌های پرچم ایران با تعبیر منطقی، این‌چنین تفسیر شده است: «رنگ سبز به‌عنوان نشان اسلام، رنگ سفید نشان صلح و سرخ نشان رشادت و دلاوری است.»[17]

---

[15] بیرق نمرهٔ نهم، کتاب «کراسه‌المعی» مربوط به اواخر دورهٔ ناصرالدین‌شاه

[16] بیرق نمرهٔ هشتم، کتاب «کراسه‌المعی» مربوط به اواخر دورهٔ ناصرالدین‌شاه

[17] Encyclopaedia Iranica" - Shapur Shahbazi , FLAGS

پرچم ملی و مشروطه

در جنبش مشروطه، پرچم سه‌رنگِ سبز، سفید، قرمز بدون نشان شیر و خورشید به میدان آمد و برای اولین بار افراشته شد. این نوع پرچم در دست مشروطه‌خواهان تبریز، اصفهان، تهران، گیلان، قزوین و نیروهای بختیاری قرار داشت. دلیل افراشته‌شدن این پرچم این بود که آنها می‌خواستند حرکت خود را از دربار و سلطنت کاملاً جدا کنند. زیرا سربازان سلطنت و دولت با در دست‌داشتن پرچم شیر و خورشید با آنها می‌جنگیدند.

با پیروزی جنبش مشروطه (۱۲۸۷) و پذیرش آن از طرف دولت، پرچم بدون شیر و خورشید نیز به‌نام «بیرق ملی» به تصویب مجلس رسید.

پرچم ملی اولین پرچم ایران بود که از طرف دربار یا روحانیون انتخاب نشده بود، بلکه از طرف آزادیخواهانی بود با اندیشه‌ها و عقاید مختلف، ولی با یک خواسته سیاسی مشترک و مشخص. این پرچم به مفهوم واقعی آن «بیرق ملی» نام گرفت.

این بیرق بر سر ابنیهٔ ملی موقع اعیاد و جشن‌های ملی و سلطنتی نصب خواهد شد.[18]

---

[18] همان‌طور که در متن بالا آمده، در تبیین و اجرای اصل پنجم متمم قانون اساسی، این مصوبه در سوم رمضان سال ۱۳۲۸ هجری قمری مطابق با ۱۶ شهریور ۱۲۸۹ شمسی در مجلس تصویب و اعلام شد.

در تبیین و اجرای اصل پنجم متمم قانون اساسی، این مصوبه در سوم رمضان سال ۱۳۲۸ هجری قمری مطابق با ۱۶ شهریور ۱۲۸۹ شمسی یعنی سه سال پس از تصویب متمم قانون اساسی، تصویب و اعلام شد. پای سند را نایب‌السلطنه عضدالملک قاجار، نمایندهٔ وزارت جنگ، امضاء کرده است. در این سند مصوبه، نخستین پرچمی که تصریح و تبیین شده است، همان «بیرق ملی» است.

پرچمی بدون شیر و خورشید (پرچم ملی) از انقلاب مشروطیت[19]

---

[19] این پرچم در کنار لوح «عدل مظفر» در بخش مشروطیت موزهٔ مجلس نگهداری می‌شود.

رضا شاه و پرچم

همیشه در طول تاریخ ایران دیده‌ایم که با پیروزی هر پادشاه بر پادشاهی دیگر، نشان‌ها و پرچم‌ها نیز به درخواست پادشاه فاتح تغییر می‌کرد. اما با آمدن رضا شاه و پایان پادشاهی قاجاریه، هیچ تغییری در پرچم ایران رخ نداد. تنها واژه بیرق به پرچم تغییر یافت و شکل و شمایل آن تزئین شد .

شاید یکی از دلایل بازداری رضا شاه از تغییر پرچم، تفسیر روحانیون از رنگ‌های پرچم و نشان آن «شیر و خورشید» بود که در ارتباط با مذهب شیعه منقش شده بود. باید توجه داشت رضا شاه وقتی به قدرت رسید، تحت تأثیر آتاتورک خیال داشت سیستم جمهوری در کشور برقرار کند، ولی با مخالفت شدید روحانیون روبرو شد و عقب‌نشینی کرد. شاید او نمی‌خواست مخالفت روحانیون را که در آن زمان قدرت بزرگی بودند، دوباره (به‌خاطر پرچم) بر علیه خود برانگیزد. شاید هم خود او با تفسیر پرچم به‌همان صورت قبلی کاملاً موافق بود. به‌هر صورت هرچه بود، هر سه پرچم به‌همان شکل و شمایل باقی ماند و مورد تائید او نیز قرار گرفت.

پرچم دولتی (کشوری) ایران

پرچم نظامی ایران

پرچم ملی در جنبش ملی‌کردن نفت به‌رهبری محمد مصدق بار دیگر به‌طور وسیع از سوی مردم مورداستفاده قرار گرفت.

هر سه پرچم در دوران رضا شاه و محمدرضا شاه مورد تأیید بود. تنها در سال ۱۳۳۷، مخالفتی کوچک با پسوند این نام، یعنی واژهٔ «ملی» درگرفت. مخالفان، اسم پرچم ملی را نامی نامناسب برای پرچم بی‌نشان می‌دانستند. هرچند آنها واژهٔ جدیدی هم جایگزین نکردند، ولی بعد از آن کمتر از واژهٔ «ملی» استفاده کردند. به‌هر صورت به‌مرور

زمان، باز هم واژهٔ «ملی» مورد استفاده قرار گرفت و در مراسم مختلف از آن استفاده شد. امروزه از آن پرچم با نام «پرچم شهروندی» یاد می‌شود.

پرچم ملی از طرف دربار و سلطنت پهلوی نیز کاملاً پذیرفته شده بود. جالب آن است که پرچم ملی یا پرچم شهروندی، تا دو سال بعد از انقلاب اسلامی (۱۳۵۷) رسمیت کامل داشت و در جشن‌ها، میدان‌های ورزش، بر سردر مغازه‌ها و خانه‌ها و... از آن استفاده می‌شد.

جشن سالگرد مشروطیت در سال ۱۳۴۴، هر دو پرچم ملی و دولتی (به‌نشانهٔ پیوند ملت و دولت) بر سردر مجلس بهارستان

سرهنگ ستاد (ارتش شاهنشاهی) نصرت‌الله بختورتاش به سه نوع پرچم در دورهٔ خود اشاره می‌کند، «پرچم ملی، پرچم دولتی و پرچم نظامی.» او در معرفی پرچم ملی می‌نویسد: «پرچم ملی همان پرچم بی شیر و خورشید مورد بحث ماست. این همان پرچمی است که در جشن‌های ملی و دینی و در چراغانی‌ها، مغازه‌داران و یا جاهای دیگر،

مردم برای آرایش مغازه و خانه و ساختمان‌های خود از آن استفاده می‌نمایند.»[20]

انقلاب سال ۱۳۵۷ و تغییر نشان شیر و خورشید

گرچه شیر و خورشید در دورهٔ سلجوقیان ریشهٔ سنی-مذهبی داشت و در دورهٔ قاجار با باورهای مذهب شیعه شکل گرفته بود، اما مسئولان جمهوری اسلامی بر آن شدند که پرچم را تغییر دهند. سه رنگ سبز، سفید و سرخ را که نماد ملی بود، نگه داشته و نام الله را با طرحی نو به‌جای شیر و خورشید نشاندند تا هم خاطرات رژیم گذشته را پاک کرده باشند و هم نشان کلیهٔ مذاهب تک‌خدایی باشد.

از سال ۱۳۵۹، دو سال بعد از حاکم‌شدن جمهوری اسلامی ایران، پرچم فوق در ۱۵ تیر از سوی شورای انقلاب تصویب و به عنوان پرچم رسمی ایران به جهان معرفی شد. در این تاریخ، کلیهٔ پرچم‌های گذشته رسمیت خود را از دست دادند.

---

[20] از کتاب پیکرهٔ شیر و خورشید، نصرت‌الله بختورتاش، ایسام، چاپ ۱۳۴۵، صفحهٔ ۲۶۹

مهاجران و پناهندگان

بعد از قدرت گرفتن جمهوری اسلامی، نخست به‌خاطر نگرش انقلابیون به دولتمردان رژیم گذشته، سپس جنگ ایران و عراق، و در نهایت محدودیت‌های سیاسی و مذهبی برای دگراندیشان، اوضاع بد اقتصادی و بیکاری، روند مهاجرت و پناهندگی، در چندین مرحله به‌طور گسترده انجام شد. از تعداد مهاجران و پناهندگان اطلاع دقیقی در دست نیست. منابع مختلف تعداد آنها را بین پنج تا هفت میلیون نفر تخمین زده‌اند که قابل‌استناد نیست، همچنین این ارقام موضوع اصلی این نوشتار نیست.

تاکنون هرگاه جنبشی در ایران شکل گرفته، این تعداد عظیم مهاجران و پناهندگان برای پشتیبانی هم‌وطنان خویش در کشورهای مختلف به خیابان‌ها آمده و از حرکت آنها به اشکال مختلف پشتیبانی کرده‌اند. آخرین جنبش به‌نام «زن، زندگی، آزادی» نمایش عظیمی بود از حمایت گستردهٔ این جماعت که جهان را شگفت‌زده کرد.

مفهومی جدید از پرچم سه‌رنگ

عمدهٔ مخالفان جمهوری اسلامی سکولارند و مفهومی جدید و غیرمذهبی از پرچم سه‌رنگ ایران ارائه داده‌اند. سبز را آبادانی، سفید را صلح و قرمز را مقاومت و رشادت معرفی کرده‌اند که شعار زیبایی از آن ساخته می‌شود؛ مقاومت و شهامت برای صلح و آبادانی. از این‌رو، بسیاری از مخالفان جمهوری اسلامی با این مفهوم خاص موافق بوده و پرچم سه‌رنگ را قبول کرده‌اند.

در تظاهرات گروه‌های اپوزیسیون، انواع و اقسام پرچم‌ها دیده شده و می‌شود. از پرچم سه‌رنگ شیروخورشیدنشان تا پرچم سه‌رنگ بی‌نشان. از پرچم‌های سه‌رنگی که با آرم «زن، زندگی، آزادی» منقش شده تا پرچم سه‌رنگی که تنها خورشید وسط آن قرار داشت.

البته پرچم‌های مختلف و رنگارنگ گروه‌های سیاسی و حتی پرچم رنگین‌کمان هم در میان جمعیت دیده شده است.

پرچم ملی یا شهروندی

افرادی که سیاسی بودند، زیر پرچم‌ها و نشانه‌های گروه خاص خود تظاهرات می‌کردند. در این میان افرادی هم بودند که عضو هیچ گروه سیاسی و اجتماعی نبودند و پرچم سه‌رنگ بدون آرم حمل می‌کردند. خیلی زود این افراد از سوی پرچم‌داران شیر و خورشید و کسانی که خود را سلطنت‌طلب می‌نامیدند، مورد پرسش قرار می‌گرفتند که: «این پارچه نشانهٔ چیست؟ پس نشان هویت ایرانیان یعنی شیر و خورشید کجاست؟ تنها پرچم رسمی ایران نشان شیر و خورشید دارد و بس.»

و جنگ پرچم آغاز شد و موضوع اصلی تظاهرات به حاشیه رفت.

این افراد معترض چه کسانی بودند که از «پرچم رسمی ایران» سخن می‌گفتند؟ آیا واقعاً در این حد نمی‌دانند که پرچم رسمی ایران در حال

حاضر همان پرچم سه‌رنگ با نشانهٔ الله است. اصولاً پرچم رسمی از طرف قدرت سیاسی و اقتصادی که بر کشور حاکم است، تعیین می‌شود، نه از طرف مخالفان آن.

آیا به این‌گونه معترضان نباید شک کرد، زیرا اگر طرفدار رژیم گذشته و سلطنت هم می‌بودند، حداقل باید این را بدانند که پرچم سه‌رنگ بدون آرم همان «پرچم ملی یا شهروندی» است که در دورهٔ رضاشاه و محمدرضاشاه نیز رسمیت داشته است. وقتی صحبت از پرچم شهروندی می‌شود، باز هم این معترضان وجود چنین پرچمی را انکار می‌کنند و آن را ساخته و پرداختهٔ ذهن می‌دانند، حتی وجود هرگونه اسم پرچم شهروندی را نیز منکر می‌شوند.

با فروکش کردن «جنبش مهسا» همان افراد حالا با مشاهدهٔ هر پرچم سه‌رنگ بدون شیر و خورشید، در رقص‌ها، نمایش‌ها، فیلم‌ها و حتی جشن‌های گوناگون، برافروخته شده و شروع به اتهام‌زنی می‌کنند و با رفتار خود موضوع اصلی تجمع را به حاشیه می‌رانند.

واقعاً این افراد چه کسانی‌اند که بر آتش «جنگ پرچم» می‌دمند؟ در بهترین حالت می‌توان گفت که حرکات آنها امکان دارد از روی ناآگاهی باشد.

در اینجا شاید بهتر باشد به برخی از پرچم‌های شهروندی دیگر کشورها نگاهی داشته باشیم تا وجود آنها برای کسی عجیب نباشد.

برخی پرچم‌های شهروندی در جهان

پرچم شهروندی پرو   پرچم دولتی پرو

پرچم شهروندی ایسلند   پرچم دولتی ایسلند

پرچم شهروندی صربستان   پرچم دولتی صربستان

رنگارنگی پرچم‌های اپوزیسیون

واضح است که هر گروه، سازمان و حزب حق دارد پرچم و نشان خود را افراشته و به تبلیغ و ترویج عقاید خود بپردازد. شهروندانی که عضو هیچ‌یک از این گروه‌ها نیستند نیز حق دارند با برافراشتن پرچم شهروندی حضور خود را در تجمعات اعلام کنند. احترام به پرچم‌های موافق و مخالف در میان مهاجران و پناهندگان ایرانی، نشانهٔ درک صحیح از دموکراسی و پذیرفتن دگراندیشان در جامعه است. واداركردن كسی به استفاده از پرچمی خاص و/یا بی‌احترامی به پرچم‌های دیگران، ازجمله «پرچم شهروندی»، نشان واضح‌تری است از نوعی دیکتاتوری که حضور دیگری را برنمی‌تابد.

امید می‌رود تا با آگاهی بر تاریخ کشور و با مدد دانش و خرد، دیگر شاهد «جنگ پرچم» که نزاعی پوچ در میان مهاجران و پناهندگان ایرانی‌ست نباشیم. با احترام به دموکراسی، روزی را شاهد باشیم که جامعهٔ ایرانی، وجود همهٔ دگراندیشان را به رسمیت بشناسد.

۳۰ مارس ۲۰۲۴
ونکوور
مرتضی مشتاقی

برخی از نمایشنامه‌های نوشته شده و اجرا شده توسط مرتضی مشتاقی

- سیاه‌گوش (۱۳٥٦ - تهران)
- حقیقت و مرد دانا (بر اساس داستانی از بهرام بیضایی، ۱۳٥٦ - تهران)
- ماهی سیاه کوچولو(بر اساس داستان صمد بهرنگی، ۱۳٥۷- تهران)
- زندان اطفال (۱۳٥۸ - تهران)
- رهایی پرندگان صلح (۱۹۸۷ – آتن)
- بچه ها بیایید با هم گل بکاریم (ونکوور – ۱۹۸۹)
- بچه ها نوروز (ونکوور – ۱۹۹۰)
- بشنو از نی (ونکوور – تورنتو – ۱۹۹۰)
- قصه های جنگل (ونکوور – ۱۹۹۳)
- پاسخ های ملانصرالدین – (ونکوور ۱۹۹۷)
- نگاه سوم (ونکوور – ۱۹۹۸)
- کابوس های یک راننده تاکسی (کار مشترک انگلیسی با سی، جی، هافمن، ونکوور ۱۹۹۹)
- نوعی از هنر، نوعی از اندیشه (ونکوور – ۲۰۱۰)
- ماسک (ونکوور – ۲۰۱۰)
- واخوان (ونکوور – ۲۰۱۷)
- میر نوروزی – (ونکوور – ۲۰۲۳)
- دادخواهی – (ونکوور – ۲۰۲٤)

کتابهای منتشر شده:

- کوپن (نمایشنامه)، انتشارات بهمن، تهران، ۱۳۵۸
- انقلاب و ضد انقلاب (نمایشنامه)، انتشارات بهمن، تهران، ۱۳۵۸
- بهاران خجسته باد (نمایشنامه)، انتشارات بهمن، تهران ۱۳۵۸
- تبار حاجی فیروز و غلام (پژوهش)، انتشارات آفتاب، ۱۳۹۹
- ریشه‌ها و نشانه‌ها در نمایش میر نوروزی (پژوهش)، نشر رها ۱۴۰۱
- پژوهشی در نقالی و نمایشنامه دادخواهی، انتشارات زن ۱۴۰۲